Dieses Buch gehört:

Paul Maar ist einer der beliebtesten und erfolgreichsten deutschen Kinder- und Jugendbuchautoren. Er wurde 1937 in Schweinfurt geboren, studierte Malerei und Kunstgeschichte und war einige Jahre als Lehrer und Kunsterzieher an einem Gymnasium tätig, bevor er den Sprung wagte, sich als freier Autor und Illustrator ganz auf seine künstlerische Arbeit zu konzentrieren. Sein Werk wurde mit zahlreichen bedeutenden Auszeichnungen gewürdigt, u.a. mit dem Deutschen Jugendliteraturpreis.

Paul Maar

Das Sams und die Wunsch-Würstchen

Verlag Friedrich Oetinger · Hamburg

Inhalt

Herr Taschenbier wohnte
seit Samstag nicht mehr allein.
Am Samstag kam das Sams zu ihm.

Er hatte das seltsame Wesen
auf der Straße gefunden.
Es war klein wie ein Kind,
hatte feuerrote Haare,
eine Nase wie eine Steckdose
und viele blaue Punkte im Gesicht.

Herr Taschenbier wusste sofort,
dass dies nur ein Sams sein konnte.
Denn er hatte vorher
eine merkwürdige Woche erlebt:

Am **Sonntag**
schien die **Sonne**.

Am **Montag**
bekam er Besuch
von seinem Freund,
Herrn **Mon**.

Am **Dienstag**
hatte er **Dienst**.

Am **Mittwoch**
war **Mitte** der Woche.

Am **Donnerstag**
hatte es **gedonnert**.

Und am **Freitag**
bekam er **frei**.

Deshalb konnte das Wesen,
das am **Samstag** auf der Straße saß,
nur ein **Sams** sein.

Weil Herr Taschenbier
das Sams erkannt hatte,
sagte es „Papa" zu ihm
und zog bei ihm ein.

Die blauen Punkte
im Gesicht vom Sams
waren keine Sommersprossen,
sondern lauter Wunschpunkte.

Für jeden blauen Punkt
hatte Herr Taschenbier
einen Wunsch frei.

1. Benimm dich, Sams!

Einmal hatte Herr Taschenbier
sich ziemlich viel Geld gewünscht.
Deshalb sagte er zum Sams:
„Jetzt gehen wir ganz groß aus!"

„Ganz groß?", fragte das Sams.
„Wie groß willst du
uns denn wünschen?
Pass auf, dass wir noch
durch die Tür passen!"

„Nein, ich meine,
dass wir ganz *schön* essen gehen.
Mit Vorspeise, Hauptgericht
und Nachspeise",
sagte Herr Taschenbier.

„Vorzüglich!", schwärmte das Sams.
„Ich weiß schon, was ich essen will:

den Küchenhocker, gut gegrillt,
den Bilderrahmen ohne Bild,
Stangenbohnen mit der Stange,
geschmorte Klappern
     von der Schlange,
Pizza, fein garniert mit Steinen,
Nudelreis, nebst einer kleinen
Wanne voll Kartoffelschnitten,
dazu Teppich – weich geritten."

„Grässlich", sagte Herr Taschenbier.
„So etwas wirst du nicht bekommen.
Bestell lieber das Gleiche wie ich.
Dann machst du nichts falsch."

„Ich muss dir auch noch beibringen,
wie man sich im Lokal benimmt",
fiel Herrn Taschenbier ein.

„Ach, man nimmt sich dort selbst?",
fragte das Sams.

„Untersteh dich!",
rief Herr Taschenbier.

„Das war doch *deine* Idee",
sagte das Sams.
„Ich wollte ja
gar kein Essen benehmen."

„*Du* sollst dich benehmen!
Dazu musst du
ein paar Regeln wissen. Erstens:

Man isst nicht
mit den Händen,
man nimmt
Messer und Gabel."

ERSTENS!

Das Sams war erstaunt.
„Womit soll ich denn
Messer und Gabel essen,
wenn ich nicht die Hände
nehmen darf?", fragte es.

„Du sollst nicht
Messer und Gabel essen.
Du sollst *mit* Messer und Gabel essen!"

„Ach, das ist ja interessant.
     Man isst nicht mit den Händen,
     man isst nicht mit dem Fuß –
     mit Messer und mit Gabel
     isst man sein Apfelmus."

Herr Taschenbier fuhr fort:
„Die zweite Regel heißt:
Mit vollem Mund spricht man nicht!"

Das Sams reimte gleich weiter:
„Ist mit Essen voll dein Mund,
gibt's zum Reden keinen Grund.
Ist dein Mund dann wieder leer,
kannst du sprechen, bitte sehr!"

ZWEITENS!

„Es ist mir zu mühsam,
erst alle Regeln zu reimen",
sagte Herr Taschenbier.
„Wir gehen jetzt."

2. Ein ziemlich vornehmes Lokal

Vor einem Lokal blieben sie stehen.
„Du, Papa, gehen wir dahinein?",
fragte das Sams und las vor:
„Ex-klu-si-ves Spei-se-res-tau-rant."

Herr Taschenbier schüttelte
den Kopf und gestand:
„Das Lokal ist mir
ein bisschen zu vornehm."

„Vornehm?
Ja, das werden wir uns vornehmen",
sagte das Sams und ging hinein.

Herrn Taschenbier blieb keine Wahl.
Er musste hinterher.

Zielstrebig setzte das Sams sich
an einen freien Tisch.
Es war ziemlich still im Raum.
Die Gäste, die hier speisten,
unterhielten sich nur halblaut.

„Guck mal, Papa,
die feiern hier schon Weihnachten!",
rief das Sams und deutete
auf die brennenden Kerzen.
Einige Gäste blickten erstaunt
zu ihm hin.

Herr Taschenbier errötete.
„Psst!", flüsterte er. „Nicht so laut!
Das macht man nicht!"

„Was macht man nicht?",
fragte das Sams.

„Laut reden",
erklärte Herr Taschenbier flüsternd.
„Die Leute essen hier!"
Das Sams betrachtete die Gäste.
„Wieso? Essen die mit den Ohren?",
fragte es.

Ein sehr vornehmer Kellner
kam zu ihrem Tisch geeilt.
„Darf man fragen,
was Sie hierherführt?"

Er sah das Sams
und seinen Taucheranzug an.
„Wenn Sie schwimmen wollen,
gehen Sie besser ins Hallenbad."

„Wir wollen hier nur etwas essen",
sagte Herr Taschenbier verlegen.
Das Sams rief:
„Etwas? Nein, ganz viel!"

„Warten Sie bitte einen Moment",
sagte der Kellner und ging.
Herr Taschenbier sagte zum Sams:
„Wahrscheinlich überlegt er jetzt,
wie er uns loswerden kann."

3. Eine Karte zum Speisen

Der Kellner kam zurück und sagte:
„Dieser Tisch ist leider reserviert.
Mögen die Herrschaften sich
an den Tisch dahinten setzen?"

„Ich wusste gar nicht,
dass ich eine Herrschaft bin",
sagte das Sams erfreut.

Es hopste hinter Herrn Taschenbier
zu dem Tisch.
Der Tisch war sehr klein
und von den übrigen Plätzen aus
kaum zu sehen.

„Darf ich den Herrschaften
nun die Speisekarte bringen?",
fragte der Kellner.
„Ach, eine Karte zum Speisen,
da bin ich aber sehr gespannt",
sagte das Sams.

Der Kellner kam
mit zwei Karten wieder.
Jede war so dick wie ein Lesebuch
und in weinrotes Leder gebunden.

„Schöne Speise, diese Karte",
sagte das Sams
und biss herzhaft zu.
„Schmeckt gut, Papa!
Fehlt nur ein bisschen Salz."

„Das darfst du nicht!",
rief der Kellner fassungslos.

„Oh, jetzt habe ich
einen Fehler gemacht",
sagte das Sams kauend.
„Mit vollem Mund
darf man nicht reden."

„Ach was, voller Mund!",
rief der Kellner empört.
Alle Gäste drehten sich erstaunt
nach ihm um.

„Ach so! Ich hätte die Karte
mit Messer und Gabel
speisen sollen", sagte das Sams.
Der Kellner schimpfte:
„Das fehlte gerade noch!"

„Ach, jetzt weiß ich es!",
sagte das Sams.
„Das war bestimmt die Nachspeise,
und ich habe sie
als Vorspeise gegessen."

„Du willst mich wohl
auf den Arm nehmen, wie?",
sagte der Kellner böse.
Das Sams betrachtete ihn prüfend.
„Nein, dazu bist du mir zu schwer."

Herr Taschenbier erklärte:
„Nein, er meint, ob du ihn
an der Nase herumführen willst."

„An der Nase? Hier im Lokal?
Ja, wenn ich das darf",
sagte das Sams und stand auf.

„Wenn du dich
nicht benehmen kannst,
hast du hier nichts zu suchen!",
schrie der Kellner.

Ein Gast am Nebentisch rief:
„Jetzt werfen Sie
die beiden Typen endlich raus,
und bringen Sie mir meine Pastete!
Ich warte schon zwanzig Minuten!"

Seine Frau nickte energisch.
„Wieso lässt man solche Leute
eigentlich hier herein?"

Herr Taschenbier stand auf.
„Komm, wir gehen freiwillig,
bevor man uns hinauswirft."

Der Kellner eilte hinter ihnen her.
„Moment!", rief er.
„Was ist mit der Speisekarte?
Sie war mindestens
zwanzig Euro wert."

Herr Taschenbier drückte ihm
ein Bündel Geldscheine in die Hand.

„Hier", sagte er lässig.
„Damit können Sie sich
eine neue Karte kaufen.
Mit Goldeinband und Silberblättern!"

Der Kellner bekam runde Augen,
als er das viele Geld sah.

„Vielleicht sollten Sie
doch Platz nehmen,
da vorn wäre noch
ein hübscher Ecktisch frei",
sagte er schnell.

„Nein danke, wir gehen!",
sagte das Sams.
„Dieses Lokal ist uns zu explosiv!"

„Exklusiv",
verbesserte Herr Taschenbier.
Dann schritten sie
hoch erhobenen Hauptes hinaus.

4. Ein Wunsch für Feinschmecker

Sie gingen ein paar Meter weiter
zu einer Würstchen-Bude.
„Willst du da etwa essen?",
fragte das Sams Herrn Taschenbier.
„Lass mich nur machen", sagte der.

„Na, darf ich Ihnen noch
eine Wurst verkaufen?",
fragte der Würstchen-Verkäufer.

„Ich wollte gerade dichtmachen",
sagte er und lächelte.
„Aber ich werf Ihnen gern noch
'ne Wurst auf den Grill."

„Da liegen doch schon welche",
sagte das Sams.

„Ach, die sind schon
ganz trocken und angekohlt.
Die kann ich nicht mehr anbieten",
sagte der Verkäufer.

„Die sind genau richtig.
Davon nehmen wir zwei",
bestimmte Herr Taschenbier.

„Wirklich?",
fragte der Verkäufer überrascht.
„Wirklich?", fragte auch das Sams.
„Ja, wirklich",
sagte Herr Taschenbier.

„Wenn Sie unbedingt wollen", meinte
der Verkäufer und legte
zwei Würstchen auf zwei Pappteller.

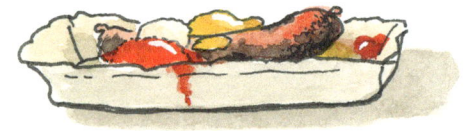

„So, nun hätte ich gern
eine Portion Ketchup,
eine Portion Mayonnaise
und eine Portion Senf dazu",
sagte Herr Taschenbier.

Er reichte dem Verkäufer
zwei Geldscheine.
„Stimmt so!", sagte er.

Dann beugte er sich zum Sams
und sagte: „Wie ich sehe,
hast du noch Wunschpunkte.
Einen werden wir jetzt verbrauchen.
Du erinnerst dich doch
an das Ehepaar im Lokal?"

„Na klar", sagte das Sams.

„Ich wünsche, dass alle Gerichte,
die diese Leute bestellt haben,
hier vor uns auf dem Tisch stehen",
sagte Herr Taschenbier.
„Und drüben im Lokal …"

Den Rest des Satzes
flüsterte er dem Sams ins Ohr.
„Fein, Papa!", rief das Sams.

Gleich darauf standen vor ihnen
sieben Schüsseln, zwei Platten
und vier Teller mit feinsten Speisen.
Herrn Taschenbier und dem Sams
schmeckte es vorzüglich.

5. Der Würstchen-Wunsch

Im Lokal war der Kellner dabei,
dem Ehepaar das Essen
zu servieren.

„Wir warten bereits
eine halbe Stunde",
knurrte der Mann wütend.

„Es sind schon
fünfunddreißig Minuten!",
sagte die Frau empört.

„Sie werden sehen:
Das Warten hat sich gelohnt!",
sagte der Kellner.

Erwartungsvoll sahen die beiden zu,
wie er einen Servierwagen
neben ihren Tisch rollte.
Obenauf standen zwei große Teller
mit hohen Silberhauben.

Der Kellner hob die Hauben
ganz langsam und feierlich hoch.

„Habe ich zu viel versprochen?",
fragte er.

Dann erstarrte er.
Auf den großen Silbertellern
lagen in einer widerlichen Soße
aus Ketchup, Senf und Mayonnaise
zwei halb verkohlte Würstchen
auf zwei aufgeweichten Papptellern!

Willkommen in der
LESESTARTER
Rätselwelt

Hast du Lust auf noch mehr Lesespaß?

Dann findest du hier viele tolle Rätsel und spannende Spiele. Auf der nächsten Seite geht es schon los!

Wir wünschen dir viel Spaß!

Lösungen auf Seite 56–57

**Kannst du die Bilder
den richtigen Sätzen
zuordnen?**

Ein sehr vornehmer Kellner
kam zu ihrem Tisch geeilt.

Jede Karte war so dick
wie ein Lesebuch und
in weinrotes Leder gebunden.

Der Kellner hob die Hauben
ganz langsam und feierlich hoch.

Den Rest des Satzes flüsterte
er dem Sams ins Ohr.

Hier sind die Wörter
durcheinandergeraten.
Kannst du sie ordnen?

s e s
s M
e r
_ _ _ _ _ _ _ _

l a
b e G
_ _ _ _ _ _

l l
G r
i
_ _ _ _ _ _

1

2

3

4

Auf welchen Seiten findest du diese Ausschnitte?

Spürnase

LESESTARTER

Was steht denn hier? Löse die rätselhafte Geheimschrift!

A	🏝️	I	☀️	R	🐒
B	👕	J	🧑‍🌾	S	🌼
C	👑	K	🥁	T	🤡
D	🪜	L	🕐	U	🐬
E	🐰	M	🐙	V	🍓
F	🌕	N	🎼	W	🦇
G	🪺	O	☂️	X	🎁
H	🖌️	P	🪱	Y	🧢
		Q	🦷	Z	🛥️

GEHEIM

Findest du den Weg durch das Buch?

Starte auf Seite 11!

Wie viele „Gerichte" will das Sams essen? Gehe so viele Seiten weiter.

Zähle die Pflanzen und blättere so viele Seiten weiter.

Das Bild auf dieser Seite hast du schon einmal gesehen. Gehe zurück zu dieser Seite.

Wie oft zählst du das kleine „a"? So viele Seiten darfst du weitergehen.

Zähle hier alle i-Punkte und blättere so viele Seiten weiter.

Bist du bei mir angekommen?

Im unteren Bild sind 5 Fehler. Kannst du sie alle finden?

**Hier haben sich
5 Wörter versteckt.
Findest du sie alle?**

R	W	Ü	R	S	T	C	H	E	N
K	H	U	N	P	S	R	O	E	L
E	E	V	D	E	O	N	W	N	R
L	R	T	B	I	O	N	T	W	U
L	I	N	L	S	G	K	R	Y	O
N	Z	T	R	E	L	B	W	A	N
E	Ü	I	T	K	M	X	F	B	T
R	E	S	T	A	U	R	A	N	T
T	E	C	A	R	Q	I	A	O	R
N	W	H	P	T	M	N	U	L	S
M	E	M	F	E	L	Q	M	Q	A

LESESTARTER

Würfelspiel

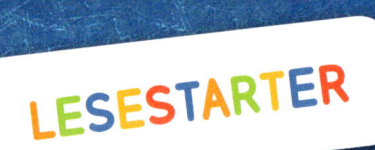

Spiel für zwei!
Wer bekommt die verkohlte Wurst?

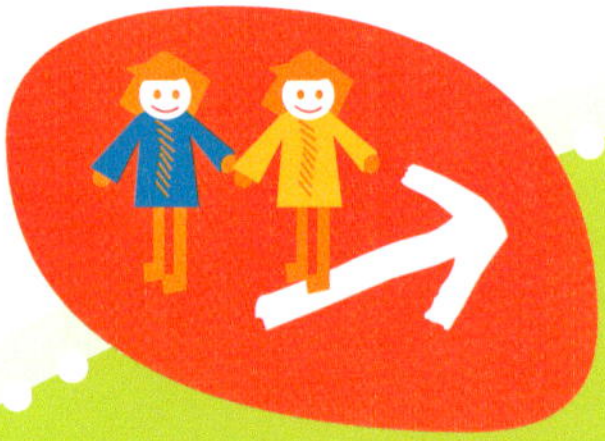

Ihr braucht:

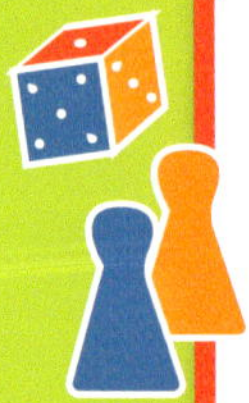

- 1 Würfel
- 2 Spielfiguren
- 1 Kieselstein
- 1 Eieruhr

**Stellt eine Eieruhr auf 5 Minuten.
Würfelt abwechselnd! Wer auf
der Wurst landet, bekommt den
Kiesel. Wer nach Ablauf der Zeit
die Wurst besitzt, hat verloren.**

LESESTARTER

Lösungen

Alle Rätsel gelöst? Hier findest du die richtigen Antworten.

Seite 53 · Gitterrätsel

Seite 52 · Fehlerbild

Seite 44–45 · Bildsalat
Ein sehr vornehmer Kellner
kam zu ihrem Tisch geeilt. = Bild 3

Jede Karte war so dick wie ein Lesebuch und
in weinrotes Leder gebunden. = Bild 4

Der Kellner hob die Hauben ganz langsam
und feierlich hoch. = Bild 1

Den Rest des Satzes flüsterte er
dem Sams ins Ohr. = Bild 2

Seite 46 · Wortsalat
Messer, Gabel, Grill

Seite 47 · Spürnase
1 = Seite 10   2 = Seite 20/21
3 = Seite 33   4 = Seite 7

Seite 48–49 · Geheimschrift
Lokal, Speisen, Tisch, vornehm

Seite 50–51 · Lese-Rallye
8 Gerichte → Seite 19
6 Pflanzen → Seite 25
Seite 3
7 Mal „a" → Seite 10
13 i-Punkte → Seite 23

Auf www.dassams.de findest du zahlreiche weitere
Kinderbücher und Hörbücher vom Sams.

3. Auflage
© 2016, 2019 Verlag Friedrich Oetinger GmbH,
Max-Brauer-Allee 34, 22765 Hamburg
Alle Rechte vorbehalten
Vorbehalten sind ausdrücklich auch alle Rechte für ein Text und
Data Mining, KI-Training und ähnliche Technologien.
Die Geschichte ist ein dem Kinderbuch
„Am Samstag kam das Sams zurück" entnommenes Kapitel,
das für Leseanfänger sprachlich überarbeitet
und neu illustriert wurde.
© Text: Paul Maar 2016
© Titelbild und farbige Illustrationen: Paul Maar 2016
Einband- und Reihengestaltung von Andrea Pieper
Begleitmaterial von Alexandra Hanneforth
Reproduktion: Domino Medienservice, Lübeck
Druck und Bindung: Livonia Print SIA,
Jūrkalnes iela 15/25, LV-1046 Riga, Lettland
*Printed 2024/1
ISBN 978-3-7891-1102-0

www.dassams.de
www.oetinger.de